ŒUVRE DES CERCLES CATHOLIQUES D'OUVRIERS

INAUGURATION SOLENNELLE

A ABBEVILLE

D'UN CERCLE CATHOLIQUE

D'OUVRIERS

23 JANVIER 1876

ABBEVILLE

IMPRIMERIE BRIEZ, C. PAILLART ET RETAUX

90, CHAUSSÉE MARCADÉ, 90

1876

ŒUVRE DES CERCLES CATHOLIQUES D'OUVRIERS

INAUGURATION SOLENNELLE

A ABBEVILLE

D'UN CERCLE CATHOLIQUE

D'OUVRIERS

23 JANVIER 1876

ABBEVILLE

IMPRIMERIE BRIEZ, C. PAILLART ET RETAUX

90, CHAUSSÉE MARCADÉ, 90

—

1876

INAUGURATION SOLENNELLE

A ABBEVILLE

D'UN CERCLE CATHOLIQUE

D'OUVRIERS

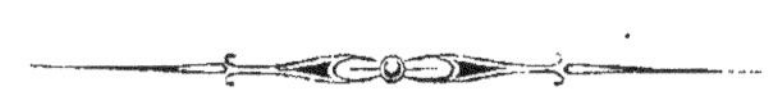

Le dimanche 23 janvier a eu lieu, à Abbeville, sous la présidence de Monseigneur l'Évêque d'Amiens, l'inauguration solennelle d'un Cercle Catholique d'Ouvriers. Les trois grandes salles, réunies en une seule enceinte par l'enlèvement des refends, avaient peine à contenir la foule qui dès cinq heures envahissait les bâtiments du Cercle. Au premier rang, on voyait avec les ouvriers au nombre de plus de cent, les membres du Comité revêtus de leurs insignes et les Dames patronesses de l'OEuvre. Sur l'estrade avaient pris place auprès de Monseigneur, M. le Lieutenant-Colonel du 128ᵉ de ligne, commandant d'armes de la place d'Abbeville, et M. des Mazis, président du Comité, M. le Lieutenant-Colonel du 3ᵉ chasseurs et MM. les Officiers supérieurs d'infanterie et de cavalerie, M. Duclerc, secrétaire général de l'évêché, M. l'Archiprêtre-curé de Saint-Vulfran, président honoraire du Comité, et MM. les Curés de la ville, le Révérend Père Prieur des Dominicains, M. Courbet-Poulard, député, M. le Procureur de la République et autres notabilités ; M. de Franssu, capitaine au 19ᵉ chasseurs, secrétaire de division dans la zône du Nord, représentait en l'absence du secrétaire général, M. le comte Albert de Mun, le Comité de l'Œuvre des Cercles Catholiques d'Ouvriers.

Une cantate chantée par la chorale du Cercle a accueilli Monseigneur à son entrée ; puis un ouvrier, vice-président du Cercle, a adressé un compliment et des remerciements au nom de ses cosociétaires du Cercle, heureux et fiers de la visite que Sa Grandeur daignait leur faire.

M. le Président des Mazis donne la parole au Secrétaire du Comité local chargé d'exposer l'origine et le but de l'Œuvre des Cercles Catholiques d'Ouvriers.'

Monseigneur,

Béni soit notre Dieu qui révèle aux petits et aux humbles ce qu'il cache aux habiles et aux superbes ! Que n'a-t-on pas écrit après nos désastres de 1870 et 1871 sur le relèvement de la France et notre régénération sociale? Les uns, et ce n'étaient pas ceux qui brillaient le plus par l'amour-propre national, exaltant nos ennemis, allaient chercher chez eux les éléments de notre résurrection ; d'autres faisaient appel à l'application des doctrines révolutionnaires et il n'y a pas longtemps que je recevais un écrit intitulé: *Du Relèvement !* qui signalait le catholicisme comme origine de l'incrédulité, cause de l'affaissement social, et le principal obstacle à la propagation, et à sa domination sur les âmes, du « pur Évangile ». Quel résultat a été obtenu par ces déclamateurs qui se considéraient comme appelés à sauver, par leurs expédients, la société? A en juger par ce qu'ils ont produit, notre état social serait exactement aujourd'hui ce qu'il était au lendemain de nos désastres ; ou plutôt, cet état se serait aggravé, car si, au moment du danger, il y a un réveil des âmes vers Dieu, ce réveil, souvent passager, s'éteint lorsqu'à la tempête a succédé un calme apparent.

D'autres heureusement mieux doués, sentant la profondeur du mal et n'ayant pas de peine à en découvrir l'origine, se sont inspirés, eux aussi, d'une pensée de régénération et d'un ardent désir de travailler au salut de la patrie. Le mal provenait de l'impiété jetée dans les masses par les doctrines révolutionnaires, du relâchement du lien social par l'égoïsme, fruit de la révolution, et les haines semées entre les classes par l'esprit démagogique substitué à celui de la fraternité chrétienne. Rompre ouvertement avec les fatales doctrines de la révolution, réagir contre les tendances d'égoïsme et d'indifférence qu'elles ont fait naître, et chercher le salut social dans le dévouement à nos semblables, tel a été le but et la pensée dominante de l'Œuvre des Cercles Catholiques d'Ouvriers.

Ils avaient noblement payé leur dette à la patrie ces hommes de cuirasse et d'épée, issus des rangs de notre vaillante armée, qui se disposaient à apporter leur part de travail à la reconstruction de l'édifice national. Ils y avaient mûrement réfléchi durant les longues heures de la captivité. Mais sur quelle base vont-ils s'appuyer pour entreprendre le grand œuvre de la régénération et passer immédiatement de la délibération à l'action. Se défiant de leurs propres lumières, se sentant incapables d'une si lourde tâche, ils se sont rappelé ces paroles : *Sans moi vous ne pouvez rien faire*, mais aussi *je puis tout en Celui qui me fortifie*. Débutant alors par un acte d'humilité et un hommage rendu à l'autorité du Pontife infaillible, considérant les principes de l'Encyclique de 1864 comme devant assurer la régénération sociale, ils exposent humblement à Sa Sainteté l'œuvre nouvelle pour solliciter sa bénédiction et déclarent faire « du plus profond de leur cœur une adhésion absolue aux principes de son Encyclique et à sa condamnation de toutes les erreurs du temps présent ».

Le lendemain un appel aux hommes de bonne volonté était
répandu dans tous les quartiers de Paris, annonçant qu'une
œuvre s'était fondée pour aller combattre la Révolution au
cœur du peuple, en opposant « aux doctrines subversives, aux
enseignements funestes, les saintes leçons de l'Évangile... à la
négation athée l'affirmation catholique », et en conviant tous
ceux qui ne veulent désespérer ni de la France ni d'eux-mêmes
à se rencontrer sur le terrain de la vérité catholique, le seul
où les mains peuvent s'unir et les âmes se comprendre.

C'était une déclaration de guerre : à la petite armée qui allait
se mettre en campagne, il fallait un drapeau et un cri de ral-
liement. S'inspirant des glorieux souvenirs du christianisme et
remplis de confiance dans le secours divin, les fondateurs de
l'œuvre arboraient fièrement le *labarum* de Constantin et la croix
brillait, en tête de leur manifeste, avec sa glorieuse devise :
In hoc signo vinces ! comme un acte de foi et d'espérance. (*Instruction sur l'œuvre.*)

Voulant ensuite s'assurer une force irrésistible, ils consa-
craient l'œuvre au Sacré-Cœur de Jésus, cette dévotion des
esprits malades, suivant nos adversaires, les libres penseurs, ce
gage d'invincibilité et de régénération nationale pour ceux qui
connaissent les trésors et les promesses de ce cœur adorable.
Applaudissements.)

Ainsi donc le catholicisme présenté comme l'unique remède
au mal social, comme la base nécessaire et le point d'appui de
toute tentative de régénération, voilà le premier principe qu'a
voulu proclamer l'Œuvre des Cercles Catholiques d'Ouvriers ;
et tout aussitôt sa doctrine s'est complétée par un acte de soumission à l'Église et à la parole infaillible du Souverain Pontife.
Et cet acte de soumission, nous le renouvelons dans nos œuvres
locales en nous plaçant sous le patronage de nos Évêques et
l'autorité de nos pasteurs auprès desquels nous recherchons et
sollicitons humblement conseils et voies de direction.

Aussi ces hommes qui n'avaient point en leurs mains la
puissance publique, mais qui au sentiment de leur propre fai-

blesse joignaient celui d'une confiance absolue en la protection divine, ont vu grandir leur œuvre au delà de toute espérance humaine ; aujourd'hui le nombre de nos cercles dépasse le chiffre de 200, comprenant plus de 35,000 adhérents tant dans les classes dirigeantes que dans les classes ouvrières, et ces résultats ont été obtenus dans l'espace de quatre années.

Soyez donc mille fois béni, mon Dieu, qui révélez aux humbles ce que vous cachez aux habiles et aux superbes.

Comment s'exerce cette action de dévouement les uns à l'égard des autres ? Sur le terrain de nos cercles, centres de réunion où les membres de l'Association trouvent :

1° Un abri pour conserver leur foi, leurs mœurs et leur patriotisme ou pour en faire revivre entre eux les principes ;

2° L'exercice organisé de la pratique religieuse et de la charité chrétienne ;

3° Des institutions économiques ;

4° Des moyens d'instruction ;

5° Des délassements honnêtes.

Les sociétaires des cercles se proposent d'en observer le règlement, d'y nouer et entretenir des amitiés chrétiennes, d'y honorer le travail et de s'y respecter eux-mêmes en marchant sur les traces de Jésus ouvrier et des saints patrons du labeur manuel.

Telle est notre œuvre qui place en première ligne les intérêts de l'âme et de l'honneur national, la sauvegarde de la foi et de l'amour de la patrie, répondant ainsi à la pensée des fondateurs qui avait été dès le début un acte de foi et de patriotisme, deux idées inséparables, car c'est en ayant les yeux tournés vers le Ciel et Celui qui y habite qu'on apprend à chérir la patrie terrestre, qui est l'image, ici-bas, de la patrie céleste.

L'un des dignitaires du cercle aura le bonheur de vous exposer, Monseigneur, comment s'est développé le Cercle catholique d'Abbeville, que Votre Grandeur daigne honorer aujourd'hui de sa visite.

Après vous avoir fait connaître, Messieurs, l'arsenal où nous puisons nos armes, je tiens à insister sur cette déclaration déjà énoncée, que nous combattons sans relâche la Révolution et la libre pensée.

La Révolution dans l'ordre social, abstraction faite de toute forme politique, la Révolution qui à nos yeux est la plus complète expression de l'impiété, puisqu'en enlevant à Dieu le privilége de la souveraineté, par cela même nie les droits de Dieu auxquels elle substitue ce qu'elle appelle les droits de l'homme, nie l'idée même de Dieu, idée qui ne peut exister, exclusion faite de l'attribut de la toute-puissance, et se déclare ainsi athée.

Pouvons-nous rester dans l'indifférence et l'apathie, quand dans ces derniers jours encore, la libre pensée, par un de ses organes réputés les plus modérés, déclare la guerre, au nom de la souveraineté de la raison aux « *superstitions idiotes* » de la religion. Vous savez ce qu'elle entend par ces superstitions qui sont nos dogmes, nos mystères, nos pratiques, nos croyances tout entières. Elle ne s'en déclare pas moins le plus ferme appui de la religion. « Aucune religion ne vivra désormais qu'en invoquant la liberté, et la liberté c'est nous. » Langage aussi présomptueux qu'insensé ! Quoi ! c'est vous, cent ou cent cinquante hommes réunis dans une salle qui n'a rien de commun avec un cénacle, étrangers à toute espèce de *credo*, qui pensez vous imposer au Christ pour lui permettre de vivre. Votre prétention n'est pas nouvelle, et vous, hommes de l'avenir, sans attaches avec le passé, dites-vous, vous rétrogradez de quinze siècles pour reproduire exactement le langage des hérétiques auxquels saint Hilaire disait : Qu'il me soit permis de déplorer la misère de notre âge et les folles opinions d'un temps où l'on croit protéger Dieu par l'homme et l'Église du Christ par la puissance du siècle. « Aucune religion ne vivra, dites-vous, qu'en invoquant la liberté. » Énoncée en une forme aussi absolue, cette assertion est fausse et est un contre-sens historique. Non, ce n'est pas la religion qui a nécessairement besoin de la liberté, mais la liberté de la religion, qui seule peut nous en assurer les bienfaits. La religion, persécutée pendant trois siècles, opprimée, forcée de se cacher dans les entrailles de la terre, livrée aux bêtes et au martyre, n'en a pas moins vaincu le monde, pour triompher ensuite de l'esclavage et nous donner la liberté.

Qu'on juge par cet exemple puisé dans un document récent auquel la presse a donné la plus grande publicité, combien il est facile de démolir la libre pensée ; aussi ne faut-il pas un grand effort d'intelligence pour réduire à néant ses sophismes, mais seulement de la bonne volonté. Pour moi, Messieurs, ce n'est pas seulement par conviction, par attachement à ma foi catholique, que je repousse les doctrines révolutionnaires. Ily a dans ma résistance un sentiment plus terrestre, celui de mon amour-propre qui se révolte à l'idée d'abaisser mon intelligence sous les fourches « idiotes », s'il est permis d'employer le même langage, de la libre pensée. Je ne veux ni être dupe, ni passer pour dupe en professant des ménagements pour des doctrines que condamnent en même temps la foi et la raison. Les libres penseurs ! «Je leur conteste, disait naguère au congrès de Poitiers Mgr Nardi, la seconde moitié de leur appellation. Car s'ils pensaient véritablement au chaos et à la barbarie qui suivraient la destruction du christianisme, je crois que s'ils ne sont pas des insensés, ils reculeraient devant l'abîme. » Mais leur maintiendrons-nous même la première moitié de leur qualification ? ne suivent-ils pas, ces hommes qui ne sont ni libres ni penseurs, quelques chefs de doctrine dont ils adoptent aveuglément les opinions, sans que leur propre initiative ait la moindre part aux formules de l'école de la prétendue libre-pensée ?

Si beaucoup de science mène à la religion, la moindre dose suffit pour renverser les échafaudages de la libre pensée. Mais d'où vient cette hésitation qu'on remarque chez un grand nombre de se prononcer hardiment contre ces programmes révolutionnaires ? S'il ne s'est guère écoulé plus de cent ans pour transformer en servitudes ce que certains libéraux de la fin du XVIIe siècle exaltaient comme des libertés, il n'est pas loin non plus le moment où l'on reconnaîtra que les conquêtes de la Révolution, en opposition avec l'esprit du Christianisme, n'ont été que des défaites pour l'édifice social, pour cette société moderne qui pourrait s'écrier comme Pyrrhus à Asculum : Encore une de ces victoires, et je suis perdue !

La révolution anti-chrétienne, disait ces jours-ci un écrivain, qui bouleverse la société et cherche à anéantir l'Église en la frappant dans son auguste chef, dans ses ministres, dans son culte, dans ses droits imprescriptibles et dans ses fils les plus dévoués, nous rappelle à l'esprit cette époque ainsi bouleversée où le peuple juif, poursuivi par Antiochus dans sa foi religieuse, vit se lever la race vaillante des Machabées qui le délivra de ce joug humiliant. Non, cette race des Machabées n'est pas morte. Elle comprend tous les hommes de bonne volonté prêts à entamer et à continuer la lutte contre les Antiochus de la Révolution, composant cette vaste armée dont les différents corps se nomment les Comités Catholiques, l'Union des œuvres ouvrières et les Cercles Catholiques d'Ouvriers. « Les Comités Catholiques à l'aile droite, l'Union des œuvres à l'aile gauche, au centre, les Cercles Catholiques d'Ouvriers ; tel est, a-t-on dit, le front de bataille de cette armée pacifique qui marche, qui s'avance à la conquête des esprits et des cœurs ; des esprits, par le redressement des doctrines, par un retour aux grands principes sociaux, par une joyeuse soumission aux enseignements de l'Église ; des cœurs, par la charité, à laquelle rien ne résiste.» (*Études religieuses.*)

Voilà les hommes qui se sont voués à cette pacifique croisade, répondant ainsi à la voix du Souverain Pontife qui, ne cessant de se faire entendre pour condamner l'apathie des gens de bien et leur abstention de la lutte, disait aux catholiques italiens dans le dernier discours qui nous a été transmis par la voix de la presse... « Que tous les gens de bien, qui sont dans le monde, prennent les armes,... et je vous dirai, Moi, non pas : agitez, agitez, mais agissez ! agissez ! comme je vois que vous le faites pour opposer au torrent de l'iniquité qui s'étend et nous inonde, toute la résistance possible afin de soutenir les droits de l'Église.»

Les soldats de l'armée catholique ne restent point sourds à la
voix du Vicaire du Christ ; et si le mouvement est un signe de
vitalité, voyez l'activité dévorante de toutes les ailes du corps
d'armée. Chaque année les catholiques militants se réunissent
de tous les points de la France en assemblées générales ; aux
assemblées de la nation succèdent les réunions provinciales qui
ne le cèdent pas aux premières par l'importance des travaux et
le nombre des adhérents. Dans ces derniers temps, Poitiers,
Reims, Lille, tenaient tour à tour leurs solennelles et laborieuses
assises, pendant que Paris prépare ses assemblées générales de
1876. Si à cela nous joignons ces magnifiques fondations écloses
comme par enchantement sous le souffle de nos évêques et
destinées à nous donner, à nous et à nos enfants, la saine et
solide instruction, n'avons-nous pas le droit de dire qu'en nous
est le mouvement et la vie, en nous, Catholiques, qui sommes
les hommes à la fois du passé, du présent et de l'avenir.

Ai-je besoin de dire que l'Œuvre des Cercles Catholiques
d'Ouvriers placée au centre du corps de bataille et qualifiée
d'armée de Dieu par le Souverain Pontife, dans son allocution
du 31 mai dernier, tient vigoureusement sa place dans ce mouvement pacifiquement offensif. Portant sur nos poitrines l'insigne
des croisés, nous marchons à la suite du Pierre l'Hermite de
notre temps (*applaudissements*), qui nous crie : « Il n'y a pas
un de nous aujourd'hui qui puisse reculer. Nous avons prêté
serment au drapeau ; nous l'avons renouvelé devant tous ; nous
avons commencé une entreprise qui ne saurait déchoir et que
nous ne pouvons délaisser, sous peine d'être flétris à jamais
pour avoir abandonné le drapeau que nous avons juré de
défendre.... allez, frappez à coups redoublés au cœur de ces
ennemis menaçants ; gagnez du terrain, ne vous lassez pas.
Arrière ceux qui ont peur ! fussiez-vous seul, vous vaincrez
parce que vous avez la vérité pour vous (1).... Dieu nous a
placés à un poste d'avant-garde où nous avons juré de rester

(1) Comte Albert de Mun, discours du 15 avril 1874.

jusqu'à ce que nous en soyons chassés ou que nous y ayons succombé! Nous le jurons, nous ne quitterons pas notre poste et nous combattrons jusqu'au bout!... (1) »

N'est-ce pas là comme un écho de la grande voix amiénoise qui retentissait au xie siècle, entraînant les chrétiens à la conquête du tombeau du Christ; aujourd'hui c'est le Christ lui-même qu'il s'agit de reconquérir pour le placer, dans la plénitude de sa Royauté, au sommet de notre édifice social. Au xixe siècle comme au xie, l'apôtre de la croisade contre-révolutionnaire ne prêche pas dans le désert, et les cœurs généreux accourent pour se ranger sous la bannière qu'il tient si haute et d'une main si ferme. Oui, nous suivrons l'homme choisi de Dieu, qui nous appelle à la croisade contre l'œuvre satanique, et si de mauvais jours venaient de nouveau à luire sur notre chère patrie, si les actes d'intolérance et d'oppression qui s'accomplissent non loin de nos frontières se reproduisaient sur cette terre de France... ailleurs, j'ai hâte de le dire, que dans cette noble cité où fleurit la nombreuse et excellente légion de saint François-Xavier (*applaudissements*) qui fait de la population ouvrière d'Abbeville un bataillon d'élite... Oh! alors, si quelque part apparaissent ces sinistres lueurs, nous tous, membres des Cercles Catholiques d'ouvriers, ouvriers de la pensée et du labeur manuel, nous nous lèverions comme un seul homme pour aller défendre nos religieux, nos prêtres, nos temples, nos croyances, combattre et arrêter la Révolution, ou succomber en luttant pour la cause du Christ (*applaudissements*).

Notre programme aura des adversaires; mais assurément ils ne nous accuseront pas de manquer de franchise et de cacher ce que renferment les plis de notre drapeau dans des loges mystérieuses. Ils ne pourront se dispenser, tout en nous combattant, de reconnaître notre sincérité. Ce n'est pas nous qui nous déclarerons doucereusement les meilleurs amis de ce que nous voulons détruire, à l'image de ceux qui après avoir sapé nos institutions, nous avoir insultés et menacés dans nos

(1) Comte Albert de Mun. Assemblée générale de 1875.

croyances, s'écrient avec des larmes dans la voix : Sommes-nous les ennemis de la religion ?

Et ce programme catholique et contre-révolutionnaire, nous le soutenons non-seulement avec nos trop faibles voix, mais aussi par nos écrits. Ne voulant laisser aux ennemis de Dieu l'avantage d'aucune arme, notre œuvre a créé sous le nom d'*Association catholique* une revue spéciale que je me permets, Messieurs, de recommander à votre attention. Véritable instrument de combat, cette revue est appelée à propager, par la discussion et par l'étude, l'esprit de l'Œuvre ; elle est destinée à développer le principe et les applications de l'Association catholique suivant les enseignements de l'histoire et dans les conditions où nous place notre état social, montrant ainsi dans une pleine lumière comment les classes d'une nation réconciliée avec les doctrines de l'Église sur la société civile pourraient former une union féconde par le dévouement mutuel de ces classes les unes vis-à-vis des autres, pour ne former qu'un seul troupeau sous un même pasteur.

Monseigneur, les difficultés que nos fondations trouvent à leur berceau, loin d'être pour nous une cause de défaillance, nous confirment dans la pensée que nous faisons l'œuvre de Dieu ; il ne s'agit pas seulement de bâtir avec le moellon, mais d'attirer les âmes, et les mauvais présages ne manquent pas pour faire naître le découragement et prédire que rien ne viendra couvrir l'affligeante nudité de nos murs et combler le vide de nos enceintes. L'œuvre, à Abbeville, n'a pas été tout à fait exempte de ces pierres d'achoppement. Pour ne pas travailler en vain, nous sommes venus vous demander, Monseigneur, des encouragements et des bénédictions. En nous donnant avec bonté cette bénédiction, vous nous avez dit : marchez et ayez confiance. Nous qui savons ce que vaut la bénédiction d'un évêque, nous avons alors travaillé avec une foi absolue dans une œuvre qui devenait l'œuvre de Dieu du moment qu'elle était celle de son pontife. Secondé par le clergé, dont l'action est indispensable dans toute création catholique, et surtout par l'humble et excellent religieux, enfant de saint Dominique, qui a tant fait pour le développement et la prospérité du Cercle par son dévouement de tous les jours, par ses prières, par cette aimable générosité d'âme qui lui a si vite conquis tous les cœurs (*applaudissements*), le Comité a vu le succès que vous lui aviez promis, Monseigneur, couronner ses efforts; et, nous n'en doutons pas, l'œuvre continuera à faire son chemin sous la direction du nouveau coopérateur qui a apporté récemment au Cercle le trésor de son dévouement.

Agréez nos respectueuses actions de grâces, Monseigneur, qui avez bien voulu, mettant le comble à vos bontés, rattacher d'une manière intime notre œuvre au diocèse en acceptant le titre de Président d'honneur de ce Comité. Qu'ils reçoivent les remerciements du Comité et de nos chers ouvriers tous ceux qui nous ont donné leur concours, les autorités qui ont mis tant d'empressement à nous accorder les autorisations nécessaires, les souscripteurs qui nous ont donné les moyens matériels pour conduire à bonne fin notre entreprise, et en particulier nos auxiliatrices qui ont répondu avec tant de zèle à notre appel, et sans lesquelles resterait incomplet ce vaste réseau d'associations catholiques que l'Œuvre se propose d'organiser autour du Cercle, afin de reconstituer, en l'appropriant à notre état social, la Corporation ouvrière. Permettez-moi de vous le redire, Mesdames, l'œuvre a besoin d'être « fortifiée et soutenue par cette foi enthousiaste qui est votre charme, cet esprit de dévouement qui est votre puissance et cette piété qui est votre force (*applaudissements*). » Il est des sympathies précieuses qui paraissaient acquises à une œuvre d'origine toute militaire. Notre espoir n'a pas été déçu. La joie n'aurait pas été complète si à cette fête où la foi se mêle au patriotisme avait manqué l'élément en qui résident tout particulièrement l'honneur national et l'espérance de l'avenir. Merci le plus cordial à vous, Messieurs, qui tenez l'épée de la France et nous avez donné les Cercles Catholiques d'Ouvriers (*applaudissements*).

Je termine en vous félicitant, chers Ouvriers, d'avoir triomphé du respect humain en ne craignant pas de faire partie d'un Cercle *catholique* d'ouvriers. Vous nous avez montré que les grandes et nobles aspirations trouvaient dans vos cœurs un magnanime écho. Quand un de nos confrères, qui a eu le bonheur de s'agenouiller aux pieds du Saint-Père, vous a, ces jours derniers, entretenu de notre illustre Pie IX qui, n'en doutez pas, donnera un jour son nom à ce dix-neuvième siècle, vous a parlé de ses tristesses, de ses amertumes, et aussi des consolations que lui procure notre Œuvre des Cercles Catholiques d'Ouvriers, j'ai tressailli, et votre cœur, Monseigneur, eut éprouvé la même émotion, en entendant les frénétiques acclamations dont a été l'objet le nom de notre saint Père le Pape. Quel enthousiasme n'avez-vous pas manifesté aussi quand était évoqué devant vous, chers amis, quelque brillant et chevaleresque souvenir de notre histoire nationale? Par là vous montrez qu'il y a deux amours qui font battre vos cœurs. Catholiques et Français vous ne séparez pas l'amour de l'Église de l'amour de la France, notre bien-aimée patrie, qui sera, comme l'Église sa mère, sauvée par le Sacré-Cœur ! (*Applaudissements.*)

Le Secrétaire de la Commission des dignitaires (1) présente ensuite le rapport suivant :

Monseigneur,

Permettez-moi de vous raconter l'histoire du Cercle pendant cette première année de fondation.

Ce ne sera pas long, et si je ne connaissais votre bonté, jamais je n'aurais osé prendre la parole.

D'ailleurs un père s'intéresse toujours aux faits et gestes de ses enfants, surtout quand les enfants travaillent pour le bon Dieu, et que le Père est celui que Notre-Seigneur leur a donné pour Évêque.

L'an dernier, vous avez vu, Monseigneur, notre local pro-

(1) En attendant l'élection du conseil intérieur, le Cercle est administré par une Commission dont les membres, tous ouvriers, sont appelés dignitaires.

visoire ; c'était la maison du Sage ; les murs se sont élargis depuis cinq mois, mais je ne crois pas me tromper en disant que c'est encore ici la maison du Sage.

Cet édifice, bâti pour protéger la foi des ouvriers et développer leur amour pour la patrie, prouve le zèle et la générosité des membres du Comité fondateur ; il dit aussi que, dans notre ville, des souscripteurs nombreux n'ont pu refuser leur appui à une si belle œuvre.

Ordinairement ici se trouve la salle de billard et des jeux bruyants ; un refend mobile la ferme et une petite porte la fait communiquer avec la salle de lecture et de conférences ; puis vient la chapelle, dont la clôture a dû aussi être enlevée, pour recevoir tous les bienfaiteurs du Cercle.

Des deux côtés du sanctuaire, se trouvent la sacristie d'une part, et de l'autre le cabinet du Père aumônier et du Directeur.

Au delà des constructions, une grande cour où nous aurons, pendant l'été, gymnase, jeux de quilles, de tonneaux, de balles, etc.

Sur la rue, deux petites chambres servent d'habitation à notre dévoué Secrétaire général, qui est en même temps concierge et maître de chapelle du Cercle.

Au premier, il y a une salle pour les réunions du Conseil des dignitaires. Elle devient au besoin salle de répétitions et tribune.

Voilà le Cercle avec toutes ses dépendances.

Pendant l'hiver, deux membres sont allés recommander à Dieu l'œuvre à laquelle ils avaient donné leurs cœurs. Le plus jeune de nos chers défunts nous a quittés au mois d'avril ; quelques membres l'ont veillé pendant les derniers jours de sa maladie ; d'autres ont donné à sa famille une partie de leur modeste salaire de la semaine.

Après sa mort, nous étions là, tous, pour lui rendre nos derniers devoirs et consoler sa famille.

Nous avons tenu à porter au cimetière le corps de notre ami et à faire mettre une croix sur sa tombe, car nous l'aimions et il était digne de notre affection.

Vers la fin de l'hiver, nous avons eu la visite du Cercle
d'Amiens ; malheureusement, il nous a été impossible encore
de leur rendre cette visite fraternelle.

Le 18 avril, fête du patronage de saint Joseph, nous nous
sommes réunis tous à Saint-Vulfran pour entendre la sainte
messe et écouter la belle allocution que M. l'Archiprêtre a
bien voulu nous adresser.

Pendant l'été, le Cercle se trouvait souvent un peu désert ;
aussi les fêtes ont-elles été peu nombreuses: deux petites
soirées dramatiques en juin et juillet ; puis à la fin de ce dernier
mois, la bénédiction de la bannière, la proclamation des dignitaires et la distribution des insignes dans la chapelle des Révérends Pères Dominicains; ensuite un charmant et pieux pèleri-
nage à Notre-Dame de Monflières.

Le 3 août nous entrions dans ce local à peine élevé.

Monsieur l'Archiprêtre était là pour présider la fête et bénir
le Cercle.

Il nous a dit avec son cœur, combien il était heureux de voir
notre œuvre prospérer, et combien étaient grandes les espé-
rances qu'il fondait sur nous ; nous tiendrons à prouver que
nous ne le tromperons pas dans son attente.

Les patrons du Cercle étaient choisis ; nous sommes entrés
dans ce nouveau local, en nous mettant sous la protection des
bienheureux saint Joseph et saint Pie V.

Le nom de ce grand Pape, patron de notre glorieux Pontife
Pie IX, dit assez comment nous voulons aimer le Pape et
l'Église ; il dit aussi que nous serons les enfants de la Vierge
Marie, qui a fait triompher saint Pie V par le rosaire.

Le premier dimanche d'octobre, nous avons pu enfin célébrer
la première fête religieuse dans notre jolie petite chapelle.
C'est encore à M. l'Archiprêtre que nous devons témoigner
notre reconnaissance, car c'est lui qui a donné la bénédiction
du Saint-Sacrement.

Saint Pie V avait protégé notre entrée dans le Cercle ; les

fleurs du rosaire devaient attirer, parmi nous, la présence de Notre-Seigneur.

J'arrive à la fête de notre bon Père Aumônier, qui était alors aussi notre Directeur, et malgré la défense qu'il m'a faite, je ne crois pas devoir, me faisant l'interprète de tous, passer outre sans vous dire, Monseigneur, que nous avons été très-heureux de pouvoir lui témoigner, en ce jour, notre amour et notre bien vive reconnaissance, pour le dévouement sans bornes qu'il voue à tous et à chacun de nous ; pour le soin qu'il prend de nous procurer toutes les distractions possibles, et aussi pour le zèle ardent qu'il met à inculquer dans nos cœurs les vertus qu'il pratique si bien !.... (*Applaudissements.*)

J'aurais encore beaucoup à dire sur ce sujet, Monseigneur, mais j'ai déjà désobéi, et bien que je n'aie pas de repentir de ma faute... je m'arrête...

Pendant la semaine qui a précédé la fête de Noël, tous les soirs nous nous réunissions dans la chapelle pour entendre une petite instruction de notre bon Père Aumônier.

Le lendemain de Noël, la chapelle réunissait toutes les âmes dévouées à l'œuvre, membres du Comité, Dames patronesses et Ouvriers.

Nous étions heureux de faire voir aux Dames patronesses, cette chapelle qui est leur œuvre.

Nous ne pouvons pas oublier les généreux donateurs qui ont contribué à son ornementation, ni l'homme de goût qui a consacré plusieurs journées à décorer ce petit sanctuaire dont nous sommes très-fiers ; j'ajouterai aussi que si bien des choses nous manquent encore, le couvent des Révérends Pères Dominicains est là pour subvenir à notre indigence.

Que le Révérend Père Prieur reçoive ici l'expression de notre vive reconnaissance ; nous voulons aussi le remercier de ce qu'il permet à un de ses religieux de se consacrer tout entier au bien de nos âmes.

Cette fête de Noël laissera des souvenirs profonds dans nos cœurs !... Les dignitaires, à genoux, au pied de l'autel, ont lu un acte de consécration, ils ont promis de se dévouer au bien du Cercle, de porter fièrement et de défendre toujours notre bannière, la croix ! *(Applaudissements.)*

L'année 1876 nous a apporté, dès les premiers jours, la bénédiction de Votre Grandeur.

Peu après, dans notre assemblée générale du mois de janvier, nous avions le bonheur d'assister à l'installation de notre nouveau directeur.

C'est un grand dévouement de plus au service du Cercle.

Votre bénédiction fécondera tous ces éléments nombreux de prospérité, et désormais il sera impossible de douter du succès de l'œuvre.

D'ailleurs voici quelques chiffres : depuis la fondation (6 décembre 1874), nous avons eu 150 inscriptions ; en ce moment, il y a 115 membres inscrits. Plusieurs ont quitté Abbeville, quelques-uns ont trouvé le Cercle trop sérieux.

Je n'ai rien dit de la bibliothèque, des revues, des conférences ; cependant il importe que l'on connaisse nos prétentions : nous voulons être un foyer de lumière, une petite académie pour la classe ouvrière ; témoins la bibliothèque, les revues et les conférences. Déjà nous avons un cours d'histoire, les Messieurs du Comité nous donneront encore des leçons de droit usuel, de géographie, de physique, de chimie, de géologie, etc.

Nous cultivons aussi les beaux-arts, la musique d'abord ; notre chorale commence à se former : puis quelquefois nous nous permettons de petites excursions à travers les joyeux sentiers de l'art dramatique ; cela prouve tout le bien que ferait le théâtre s'il était chrétien.

Mais si nous tenons à être un foyer de lumière pour les intelligences, nous tenons surtout à devenir un foyer de charité, nous voulons attirer à nous en faisant dire : Voyez comme ils s'aiment ! !

La chapelle est là : tous les jours fériés, la sainte Messe est célébrée, et le soir, à cinq heures, une courte instruction et un salut du Saint-Sacrement nous rappellent que nous sommes membres d'une œuvre catholique.

J'ai fini, Monseigneur ; Votre Grandeur, pleine d'indulgence, a bien voulu écouter ce trop long récit de notre petite histoire ; merci, je la résumerai en deux mots :

Au Cercle, nous n'avons qu'un désir, c'est de réaliser les belles paroles du cantique national des pèlerinages :

Nous voulons être *Catholiques et Français toujours ! !*

Ce rapport lu avec convenance et une modeste assurance est écouté avec intérêt et faveur par l'assemblée qui lui donne de justes applaudissements. Le Secrétaire du Comité avait défini l'œuvre dans sa plénitude, son but, sa portée sociale dans toutes les classes de la société. Le jeune dignitaire ouvrier a fait connaître dans ses détails le Cercle qui, sans être l'œuvre elle-même, en est la forme, le mode suivant lequel s'exerce le dévouement mutuel des classes les unes vis-à-vis des autres. Il a montré comment se réalise dans la pratique ce programme qui fait des Cercles des maisons de famille où l'ouvrier sauvegarde sa foi et ses mœurs, noue et entretient des relations chrétiennes et ne néglige pas, tout en prenant des délassements honnêtes, de cultiver son intelligence.

M. le capitaine de Franssu, secrétaire de la 5ᵉ division de la zône du Nord, délégué du Comité de l'Œuvre, prononce les paroles suivantes :

Monseigneur,

Mesdames, Messieurs, mes chers amis

Après les éloquentes paroles du zélé Secrétaire du Comité qui a exprimé si nettement les principes et le but élevé de l'œuvre ; après l'exposé si intéressant de son fonctionnement, lu par le Secrétaire du Conseil des dignitaires, il ne devrait plus y avoir rien à dire. Nous avions espéré cependant que la voix autorisée d'un des premiers fondateurs de l'Œuvre aurait pu se faire entendre ici aujourd'hui ; les circonstances ne nous permettent pas de nous réchauffer aux accents de cette ardente et éloquente parole (*applaudissements*). Je viens donc, comme seul représentant ici du Comité de l'Œuvre, remplir un devoir bien doux à mon cœur de chrétien et d'Abbevillois en vous exprimant, Monseigneur, toute la gratitude du Comité de l'Œuvre ; Votre Grandeur a daigné donner il y a dix-huit mois au Comité d'Abbeville une première bénédiction qui a porté des fruits abondants ; puisse ce nouvel et bien précieux encouragement rendre bientôt trop petit ce lieu de refuge dans lequel Notre-Seigneur Jésus-Christ descend quelquefois pour nous consoler et nous fortifier.

Merci à vous, membres du Comité d'Abbeville, que n'ont point rebutés les épreuves, ces signes providentiels de notre œuvre, qui nous rapprochent de la Croix, notre bannière.

Merci à vous, Mesdames, dont le généreux dévouement a déjà orné la chapelle et qui vous préparez à user encore de cette charité légendaire chez les Dames de la Consolation d'Abbeville pour sauvegarder les âmes des femmes et des filles de nos sociétaires.

Merci à vous, mes amis, d'avoir répondu à notre appel, comprenant que le mur de haine et d'envie que l'on cherche à établir entre nous doit tomber, et que fils d'un même Père qui est aux Cieux, nous devons nous unir pour combattre l'ennemi commun, c'est-à-dire l'ennemi de Dieu, que le Secrétaire du Comité a qualifié de son nom de *Révolution*. Je reviens sur ce mot qui pourrait avoir été mal interprété si on prétendait que dans notre pensée il a un sens politique : *nous ne nous occupons jamais de politique*. Des schismes se sont élevés à diverses époques contre l'Église, notre mère ; leurs sectaires se sont appelés les Ariens, les Albigeois, les Luthériens, etc. Aujourd'hui le schisme s'appelle la *Révolution*, c'est-à-dire le renversement des idées sociales et religieuses ; la négation de la famille, la négation de Dieu, négation inventée par des hommes qui n'ont pas le courage de lutter contre Satan incarné en eux, et qui imitent ce conscrit qui se noie de peur d'aller affronter la mort sur le champ de bataille pour y défendre sa patrie (*approbation*).

Il me reste à vous prier de m'aider à remplir un pieux devoir de reconnaissance, auquel vous vous associerez tous, envers Sa Sainteté Pie IX qui a béni notre œuvre à ses débuts et qui l'encourage à chacune des nouvelles phases de son existence. Qu'un cri d'amour et de reconnaissance monte de nos cœurs à nos lèvres et aille consoler notre Père au fond du Vatican où l'impiété et la révolution le retiennent prisonnier !

Que Dieu garde Pie IX !

Qu'il lui accorde une vie longue et heureuse !

Qu'il le délivre des embûches de ses ennemis !

Vive Pie IX !

(*Applaudissements auxquels se joignent des acclamations à Pie IX.*)

Monseigneur, l'Président d'honneur, malgré les fatigues d'une laborieuse journée, ne veut pas priver l'auditoire de sa parole aimée et vénérée.

Dans une allocution toute affectueuse, toute paternelle, Sa Grandeur se réjouit des progrès du Cercle Catholique d'Ouvriers, qu'Elle a vu l'an dernier à sa naissance, petit grain de sénevé qui ne faisait que germer et qui depuis a grandi et a étendu ses branches. Elle applaudit à cette pensée qui est celle de l'Œuvre,

le rapprocher les classes sur le terrain de la fraternité chréienne. Monseigneur signale tout le bien opéré par cette
alutaire institution bénie du Saint-Père, enrichie des trésors
le l'Église, et fait ressortir les excellents fruits produits aussi
ar les Cercles militaires qui, dans sa ville épiscopale, réunissent
usqu'à quatre cents soldats. Il parle de la situation faite dans
antiquité à l'ouvrier qui était moins qu'une bête de somme
ntre les mains de ceux qui avaient en partage les biens de ce
ionde. Et cette situation se serait continuée si Notre-Seigneur
ésus-Christ n'était venu réhabiliter l'humanité et donner à son
glise mission de relever le pauvre, le déshérité, l'esclave, pour
n faire un homme libre et même son enfant de prédilection.

Aujourd'hui les favorisés de la fortune et des dons de la grâce
ivine s'unissent à vous, mes enfants, mes amis, par les liens
'une sincère et toute chrétienne affection. Aimez ces vrais
mis, qui viennent à vous, aimez surtout le prêtre qui dès votre
rrivée en ce monde vous faits enfants de Dieu par le baptême,
lus tard vous confirme dans la foi et vous prépare à recevoir
a nourriture eucharistique, se trouve constamment auprès de
ous quand vous êtes visités par l'affliction ou par la maladie et
st encore à vos côtés pour vous consoler et vous fortifier à
heure suprême de la mort. »

S'adressant aux membres du Comité, Sa Grandeur répète les
aroles du Saint-Père déjà citées dans le discours du Secrétaire,
je ne vous dis pas : agitez, mais agissez ! agissez pour défendre
s droits de l'Église, devoir que vous comprenez si bien, en
ous serrant sous le drapeau de la foi et en opposant à l'impiété
ne résistance continuelle à laquelle donnera force le bras de
ieu... J'espère, chers ouvriers de ce Cercle, que vos rangs ne
sseront de grossir. Vous m'avez dit que j'avais été prophète
uand, l'an dernier, je vous prédisais cet accroissement
ui a, en effet, décuplé aujourd'hui vos forces. Je veux proiéliser et vous dire que votre nombre aura encore doublé
uand l'an prochain je reviendrai vous faire une nouvelle visite,
ureux que je serai toujours de venir passer quelques instants

avec mes chers ouvriers du Cercle Catholique d'Abbeville. Pour cela il faut vous transformer en racoleurs, non en saisissant vos camarades au collet pour les amener de force, mais en les prenant par le cœur, par la charité à laquelle rien ne résiste et leur faisant ainsi connaître les douceurs de cette vie fraternelle et chrétienne et le bonheur de la soumission aux enseignements de l'Église. Je vous bénis tous, ouvriers de ce Cercle, membres du Comité, et vous tous, bienfaiteurs de l'Œuvre des Cercles Catholiques d'Ouvriers. Je vous bénis, vous et vos familles en attendant que je fasse descendre sur vous la bénédiction du Très-Haut. »

Tous les auditeurs ont été vivement émus de ces paroles si paternelles, mais malheureusement trop imparfaitement reproduites. Les membres du Comité puiseront de nouvelles forces dans cette approbation épiscopale donnée si entière à leur Œuvre. Pendant l'allocution, l'autel placé à l'autre extrémité de l'enceinte avait été illuminé. Monseigneur s'y dirige pendant que la chorale chante le cantique des ouvriers : *Espérance de la France, ouvriers, soyez chrétiens !* et clôt la cérémonie par la bénédiction du Très-Saint-Sacrement.

Deux Dames patronesses se placent à la porte de sortie et improvisent une quête qui, pour n'avoir pas été annoncée, n'en est pas moins fructueuse et témoigne des sympathies, pour l'Œuvre, de l'assistance.

Dans les jours qui ont immédiatement suivi cette inauguration qui avait eu pour conséquence de répandre la connaissance de l'Œuvre, plusieurs ouvriers sont venus solliciter leur admission au Cercle ; en même temps le Comité aussi bien que l'Association des Dames patronnesses ont reçu plusieurs adhésions nouvelles.

Abbeville. — Imp. Briez, C. Paillart et Retaux.

L'ASSOCIATION CATHOLIQUE

REVUE DES QUESTIONS SOCIALES ET OUVRIÈRES

Paraît tous les mois à partir de Janvier 1876

PRIX DE L'ABONNEMENT :

PARIS ET LES DÉPARTEMENTS. . . .   Un an. . . 20 francs.

— — Six mois . 12 francs.

ÉTRANGER . . . .   Le port en sus.

On s'abonne à Paris, au secrétariat de l'*Œuvre des Cercles catholiques d'ouvriers*, 10, rue du Bac ;

A Abbeville, chez M. PRÉVOST, libraire ;

A Amiens, aux bureaux de l'*Écho de la Somme*.

www.ingramcontent.com/pod-product-compliance
Lightning Source LLC
LaVergne TN
LVHW051337200726
843510LV00002B/668